VERLAG ANTJE
KUNSTMANN

W0109051

Thomas Gsella

SAUKOPF NATUR

Was mal gesagt werden muss

Gedichte

Mit Bildern von
Rudi Hurzlmeier

Verlag Antje Kunstmann

Der Natur liegt bloß unser Dasein, nicht unser Wohlsein am Herzen.
ARTHUR SCHOPENHAUER

Die Natur ist unerbittlich.
GALILEO GALILEI

Mit Weinen hebt sich's an, dies jammervolle Leben
Es muss das kleinste Kind der Tränen Schar sich untergeben
Der Furcht und Hoffnung Streit zerquälet unsern Sinn
Und nimmt, eh' man es denkt, die besten Jahre hin
Das Alter kömmt herbei, die kummervollen Jahre
Und führen uns den Weg zur trüben Totenbahre
J. CH. BACH (AUSZUG)

Die Natur versteht keinen Spaß.
GOETHE

Wenn die Nachtigallen aufhören zu schlagen, fangen die Grillen an zu zirpen.
MARIE FREIFRAU VON EBNER-ESCHENBACH

Die Natur hasst die Vernunft.
OSCAR WILDE

Unser Leben währet siebenzig Jahr,
und wenn's hoch kömmt, so sind's achtzig Jahr.
Und wenn es köstlich gewesen ist,
so ist es Müh und Arbeit gewesen.
LUTHER-BIBEL, PSALM 90,10

Mir ekelt, mehr zu leben.
GEORG CHRISTIAN LEHMS

Die Schwärmerei für die Natur kommt von
der Unbewohnbarkeit der Städte.
BERTOLT BRECHT

Die Natur ist Satans Kirche.
CHARLOTTE GAINSBOURG IN LARS VON TRIERS FILM
»ANTICHRIST«

Die Arbeit des Autors am vorliegenden Buch
wurde vom Deutschen Literaturfonds e.V. gefördert.

Vorwort

Niemand auf der Welt ist in die Natur so vernarrt wie die Deutschen. Kaum hört der Regen mal versehentlich auf, gehen sie vor die Tür in ihre heiß geliebte Umwelt, um auf nassem Laub auszurutschen und sich eine grippale Infektion zu sichern oder im Sommer Hitzekoller und Sonnenbrand. Sie stellen sadistische Fluginsekten wie Hornissen oder Honigbienen unter Schutz und pflanzen neuerdings auch Wölfe und Bären in die Wälder, damit sie wieder was Richtiges zum Weglaufen haben. Dabei stolpern sie über versteckte Wurzeln und lassen sich von heiligen Ameisen anfressen, und zieht ein Gewitter auf, erklimmen sie einsame Baumkronen und versuchen, die Blitze zu fangen. Denn alles Gute kommt von oben, sagt man, aber das ist Unsinn, und in Wahrheit muss es heißen: Alles Schlechte kommt von der Natur. Unter anderem von oben, aber im Grunde aus allen Richtungen.

Die Frage lautet: Gibt es denn überhaupt Leiden, gibt es überhaupt Sorgen und Nöte, für die die Natur nichts kann? Die Antwort lautet: Nö. Ob Hunger, Durst oder Völlegefühl, Schluckauf, schweißtreibende Hitze oder kalte Füße, tödlicher Sturm oder gähnende Windstille, Überschwemmung oder Dürre, Löwen, Quallen, Karies, Tiger, Tod, weiße Haie, Bauchweh, Kopfweh, Zecken oder das quälende Überangebot an Schnittblumen: Wo und wie der Mensch sich dreht und wendet, die Natur ist schon da und macht ihn krank, wund, traurig, zu dick oder zu dünn, zu jung oder zu alt, mit einem Wort: verrückt.

Homo homini pluto est, sagt Cäsar, der Mensch ist dem Menschen ein Hundesohn, aber schlimmer als der Mensch und der Krieg ist die Natur, im Großen wie im Kleinen. Das Universum bewirft uns mit Meteoriten, im Mittelgewicht dominieren stechende Kakteen, verdeckte Pfützen und als Champignons getarnte Supergiftpilze, den Nanobereich beherrschen Milben und Higgs-Bosonen und jucken oder verschlingen Milliarden an Steuergeldern.

So kommt alle Unbill, alles Leid allein von der Natur, und was machen die Deutschen? Sie machen das, was sie am liebsten tun, sie identifizieren sich mit dem Aggressor, sie verschmelzen mit dem Saukopf. Im 19. Jahrhundert gründeten sie die »Naturfreunde« und die »Wandervogelbewegung«, weil sie damals immerhin noch zugaben, dass, wer freiwillig in der Natur herumwandert, halt einen Vogel hat. Doch derlei Scham ist heute vergessen. Heute gründen sie riesige »Naturparks«, pilgern in den »Bund für Naturschutz« (!) und halten sich ein »Umweltbundesamt« – um den Bürger vor der Natur zu schützen? Weit gefehlt, ja umgekehrt. Und so lebt dieses Buch vom Impuls der Vergeltung, vom Ethos des Widerstands, vom Willen zur Rache: Weg mit der Natur! Auf sie mit Gebrüll! Es kommt auf jeden Bürger, jede Bürgerin, jede Rotzgöre an! Also machen Sie bitte mit, Ihr

Thomas Gsella

P.S.: Die Gedichte in diesem Buch sind gut, aber leicht. Es ist keine komplizierte Angeberlyrik, Sie müssen nichts interpretieren, nur lesen, meistens auch nur drei Strophen, und wenn Sie nicht vollkommen blöd sind, verstehen Sie alles sofort und können befreit loslachen oder -weinen, je nach Intention des Autors. So. Nun lasst das Buch beginnen!

INHALT

I

GROSSE SAUEREIEN:
EIER, KERNE, ZECKEN

Das Frühstücksei

Die allererste Sauerei
Ist die am frühen Morgen:
Zum Frühstück schenkt das Hühnerei
Uns erste Wut und Sorgen.

Es ist zu heiß, nicht abgeschreckt,
Es ist zu hart und stinkt nach Fisch,
Es ist zu weich, die Schale leckt,
Gelb suppt der Glibber auf den Tisch –

Das Ei ist nie, wie man es will.
Man kann das Ei nicht essen.
Man schmeißt den Plunder in den Müll
Und kann den Tag vergessen.

Die Mücke

Am Abend fliegt die Mücke
Zu uns ins warme Licht
Und reißt die Nacht in Stücke,
Denn schlafen lässt sie nicht.

Sie weiß sie zu versauen.
Man kommt sich wehrlos vor.
Wir liegen wach und hauen
Uns fest auf Stirn und Ohr.

Sie könnte leise stechen,
Doch Ärgern heißt ihr Spiel.
Ihr alle Knochen brechen
Heißt unser hehrstes Ziel.

Wir machen Licht und grinsen:
Da sitzt sie. Starr. Geduckt.
Wir schlagen zu und winseln:
Wir haben uns verguckt.

Die Mücke war ein Nagel.
Der Finger ist entzwei. –
Sie stirbt im Kugelhagel,
Dann kommt die Polizei.

Die Elementarteilchen

Es gibt sie nicht. Sie sind Fiktion,
Gezeugt von Lügbaronen
Mit krankem Hang zu Glanz und Thron.
Man soll uns doch verschonen:

»Proton, Photon, Lepton, Neutron,
Die Quarks und die Mesonen,
Tauon, Hadron, Pion, Kaon,
Die W- und Z-Bosonen« –

Jaja, haha! Der reine Hohn.
Und superleicht zu klonen:
Spion, Aktion, Mordkommission,
Die Brech- und grünen Bohnen …

Die Zecke

Kaum ziehen wir durch grüne Au
Zum Picknick unter Fliedern,
Schon zieht uns eine blöde Sau
Das Blut aus Kopf und Gliedern.

Wie süß sie ist und winzig klein
Vor ihren ersten Schlücken!
Satt baumelt sie als dickes Schwein
An Ohren, Bauch und Rücken.

Und bringen Löwe, Hai und Stier
Uns auch *komplett* zur Strecke,
Heißt doch das weltweit blödste Tier
Graf Arschloch von der Zecke!

Das Laub

Denk dir das tödlichste Getier –
Viel tödlicher sind Blätter.
Erst fallen sie, dann fallen wir.
Der Tatort: Schmuddelwetter.

Radfahrer fliegen durch die Luft,
Aus Skatern werden Schwalben,
Fußgänger rutschen in die Gruft –
Verderben allenthalben.

Erbtanten stürzen schrillen Munds,
Geschubst von schlechten Erben.
So rächt sich totes Laub an uns:
Auch wir soll'n alle sterben.

Der Igel

Man fällt ins Laub und denkt sich noch:
»Wie weich! Hier fall ich gerne!«,
Schon schieben Loch an Loch an Loch
Das Glück in weite Ferne.

Spitzstacheln stechen durch die Haut
Ins Fleisch und löchern Knochen.
Du warst mit Fröhlichkeit vertraut,
Nun ist sie dir zerbrochen.

Und auch dem Igel geht es schlecht:
Schwer ist sein Widersacher.
Im Leben ragend ungerecht,
Wird er im Tod doch flacher.

Das Moos

Der heiße Tag. Sogar im Wald.
Man kann ihm nicht entkommen.
Man schleppt sich. Der Ozongehalt.
Man wankt. Man ist benommen.

Das kühle Moos. Man sinkt hinein.
Man sitzt. Wie tot die Glieder.
Man schnauft. Kraft schöpft das müde Bein.
Man sitzt. – Dann steht man wieder.

Der nasse Hintern. Wie bepisst.
Man geht: durch Kicherkicher.
Man fragt: Ob Moos ein Kindskopf ist.
Man antwortet: Ja, sicher.

Die Schwerkraft

Auch in der Art, wie etwas fällt
(Ding, Menschen, Tiere, Pflanzen),
Erweist Adornos falsche Welt
Als unwahr sich im Ganzen.

Denn fiel's nach oben, blieb's wohlauf
Und unversehrt putzmunter.
Doch wann fiel je etwas herauf?
Stets fällt etwas herunter.

Dort kracht es hin und geht kaputt
(Ding, Menschen, Pflanzen, Tiere),
Auf dass man Freude, Lebensmut
Und alle Lust verliere!

Der Klebstoff

»Halt! Aufgemerkt!«, sagt mancher nun,
»Kaputtes lässt sich kleben!«
Und also spricht das dumme Huhn
Und weiß rein nichts vom Leben.

Denn ewig droht der Untergang,
Und schrecklich ist die Lage.
Geklebtes hält drei Stunden lang,
Im besten Fall drei Tage.

Es hilft nicht, wenn man's noch mal klebt,
Es hilft nicht, wenn man's klammert.
Was einmal fällt, hat ausgelebt.
Der Mensch steht da und jammert.

Die Kalorie

Vor Jammer stopft er in den Schlund,
Was seine Seele tröstet:
Pralinen, Torten, Kekse und
Nussmischungen, geröstet.

Der Jammernde wird dick und schwer
Und wollt' grad dies vermeiden,
Muss doch ein Dicker umso mehr
Unter der Schwerkraft leiden!

Am Fettwanst schuld: die Kalorie.
Aus Stangen formt sie Kugeln.
Verkugelt sind zumal auch Sie.
Woher ich's weiß? Vom Googeln.

Die Apfelsine

Beim Schälen bleibt zähweiße Haut
Auf rotem Fruchtfleisch kleben.
Wer durstig reinbeißt und drauf kaut,
Der möchte nicht mehr leben.

Doch wer's mit spitzen Messern schafft
In Schweiß und Blut und Stunden,
Dem gießt sie beißend sauren Saft
Süß lächelnd in die Wunden.

So stirbt vor Durst, wer sie nicht ehrt.
So kaut mit Todesmiene
Und stirbt vor Schmerz, wer sie verzehrt.
So ist die Apfelsine.

Der Kern

Durch eine Mirabelle schnitt
Mein Messerchen im Traume.
Und wie durch süße Sahne glitt
Mein Biss durch Kirsch und Pflaume.

Der Alltag macht den Traum zum Wahn,
Denn Alltag heißt: Entsetzen.
Da bricht der Kern den Backenzahn
In hunderttausend Fetzen.

Dass Kernobst nur dank Kern entsteht:
Ach, wenn ich das schon höre.
Dass Kernobst durchaus ohne geht,
Beweist nicht nur die Möhre.

Der Vogel

Erst gestern sang er in der Nacht
Sein Liedchen süß wie Harfen.
Um fünf Uhr bin ich aufgewacht
Und konnte nicht mehr schlafen.

Tiri, flötflöt, was soll der Scheiß?
Was kräht der meine Ohr'n an?
Die Liedchen drehen sich im Kreis,
Dann fangen sie von vorn an.

Und heute fiel auf meinen Schopf
Ein grünliches Geklecker.
Der Vogel kackt uns auf den Kopf
Und weckt uns vor dem Wecker.

Das Salz

Es krönte sich zum Hauptgewürz,
Weil's gerne Häupter schindet.
Die Hand verstreut es und verrührt's,
Das Haupt schmeckt ab und findet:

Das schmeckt recht öde. Gott, wie fahl!
Wie flach! Wie faul! Wie fade!
Die Hand gießt Salz nach, und das Mahl:
Es ist versalzen. Schade?

Das Haupt sagt ja. Das Salz sagt nein
Und weiß: *Ent*salzen geht nicht.
Das Salz ist ein gemeines Schwein,
Und wer *hier* lacht, versteht nicht …

Das Gen

Vor der Vermehrung ein Kotau:
Der liegt im Gen von Genen.
Ein Lustgen sorgt dafür, dass Frau
Und Mann dabei laut stöhnen.

Im Zieleinlauf der Übungen
Kriegt's Gen seine Vermehrung,
Die Lust kann gen, und Trübungen
Vermindern die Verehrung.

Paar Jahre schreien sie noch rum,
Dann gibt's die letzte Szene.
Zwar ist der Mensch von selber dumm,
Doch schuld sind auch die Gene.

Das Gebüsch

Zwar nerven Acker, Strauch und Baum,
Doch schenken sie uns Speisen.
Gebüsch verstopft den Lebensraum
Und hat *nichts* vorzuweisen.

Es macht nicht satt, es ist nicht schön,
Man kann es nicht erklettern,
Auf ihm nicht liegen, stehen, gehn,
Man kann nur weiterwettern:

Es ist nicht klein, es ist nicht groß,
Es spendet keinen Schatten.
Es ist zum Kotzen. Also los.
Es ist ja: die Rabatten.

Das Geröll

Geröll, das ist der letzte Dreck.
Geröll ist widerwärtig.
Geröll hat nur den einen Zweck:
Man rutscht drauf aus, und fertig.

Geröll macht Knie und Hände rot
Von Blut, Geröll und Erden.
Wie viele Hosen mussten tot:
Zerfetzt geborgen werden!

Geröll lässt kleine Kinder schrei'n:
»Au, Mami, hindefallen!«
Geröll ist ein Gesocks von Stein.
Lasst uns die Fäuste ballen!

Das Osterei

Wenn alles voller Eier ist,
Trilliarden Ostereier,
Und jeder fröhlich Eier frisst,
Naht *keine* Weihnachtsfeier:

Wenn eine Ostersonne strahlt
Und Osterglocken klingen
Und Ostereier bunt bemalt
Aus Osterwiesen springen,

Und alle mampfen einerlei,
Ob Finne, ob Kroatin,
Stur Osterei auf Osterei,
Dann feiern wir St. Martin.

Die Motte

Zwei Arten gibt's wie Sand am Meer,
Und beide sind ein Jammer.
Die eine frisst die Schränke leer,
Die andere die Kammer.

Und stößt der Mensch im Löcherkleid
Aufs Mottenheer im Zucker,
Dann wünscht er sich die Ewigkeit.
O Mensch, o armer Schlucker!

Denn zückt er auch die Fliegenklatsch
Und tötet böses Leben,
Bleibt doch der fette Mottenmatsch
Auf der Tapete kleben.

Die Wespe

Und flieht der Mensch ins Picknickgrün
Vorm Terrorkrieg der Motten,
Dann wird er bald vor Killern stehn,
Die sich zusammenrotten.

Die Wespe kommt als Hundertschaft
Und süppelt ohne Worte
Das Bier, den Wein, den Traubensaft,
Das Brötchen und die Torte.

Und zetern wir, gibt's Mordio.
Dann sterben durch die Wespe
Der Bi, der Bäh, der Hetero,
Der Schwuli und die Lesbe.

Die Torte

Dank Beatrix von Storch ist klar:
Die Torte muss man preisen.
Sie eignet sich ganz wunderbar
Zum Backen und Verspeisen.

Zum Werfen taugt sie eher schlecht.
Die Torte wird verschandelt.
Und auch ihr Opfer fühlt sich recht
Unsachgemäß behandelt.

Was also jene Frau betrifft:
Sie machte Schreckgebärden
Und musste, rundherum versifft,
Komplettgereinigt werden.

Die Kastanie

Im Sommer reift sie rund heran,
Gestillt von warmer Brise.
Der kühle Herbstwind wirft sie dann
Vom Baume auf die Wiese,

Wo gute Väter herzensrein
Vieltausend Schätze finden
Für ihre lieben Kinderlein
Und sich in Schmerzen winden:

Von grünen Bomben torpediert,
Die blaue Flecken spenden,
Und grünen Stacheln perforiert
An Rücken, Kopf und Händen.

Die Weihnachtsgans

Die Gans ist groß. Der Bauch ist voll.
Die Speiseröhren platzen.
Die Mäuler voller Fleisch und Kohl.
Die dicken Kinder schmatzen.

Vier Kilo noch. Paps zuckt nervös.
Darauf zwei Magenbitter!
Die Mutter rülpst rhinozerös.
Kind kaut auf Knochensplitter.

Zwei Kilo noch. Die Köpfe rot.
Was da ist, wird genommen!
Zwei Stunden drauf: Die Gans ist tot.
Jetzt kann das Christkind kommen.

Der Tannenbaum

Die Kinder schreien: »Tannebaum!!«
Man kauft mit ihnen: »Der hier gutt?«
Und stopft ihn in den Kofferraum
(»Nich', Papa, so deht Baum taputt!«)

Und stellt den Rest zu Hause hin,
Hängt Pillepups und Krimskrams dran,
Wemst güldne Sternlein obenrin
Und schauet hold das Bäumlein an,

Das Schatten wirft im frommen Schein
Der Kerzen wie Gespenster,
Und nimmt das blöde Bäumelein
Und schmeißt es aus dem Fenster.

II
RIESENSAUEREIEN:
WASSER, SCHLUCHTEN, BÄUME

Das Wasser

Kein Leben ohne es und kein
Gewächs, Getier, Gemensch und kein
Vergissmeinnicht, kein Brot und kein
Radieschen, Apfelmus. Und kein

Karnickel ohne es und kein
Koala, Kolibri und kein
Marienkäferchen und kein
Delfin und Papagei. Und kein

Charles Dickens ohne es und kein
Pelé, Adorno, Bach und kein
Pol Pot, kein Höcke. Fazit: Nein,
Das Wasser muss bei Gott nicht sein.

Der Regen

Die Professoren loben sehr
Die Feuchtigkeit im Regen,
Er kommt jedoch von oben her
Und immer ungelegen.

Er platscht auf Hände und Gesicht.
Die ganze Stadt wird nasser.
Doch braucht der Mensch den Regen nicht,
Er hat zu Hause Wasser.

Auch Hund und Tulpe werden nass.
Natur kehrt mit dem Besen:
Im Regen lebt sie ihren Hass
Auf *alle* Lebewesen.

Der Wind

Der Wind ist nicht nur Luft und Kraft
Und Kilopond und Richtung.
Mit seiner fünften Eigenschaft
Befasst sich diese Dichtung.

Es ist die Bosheit. Jedes Kind
Kennt diese schlimmsten Finten:
Der Wind ist immer Gegenwind.
Und kommt er mal von hinten,

Dreht er sich um und kommt von vorn
Und nimmt sich Schirm und Mütze.
Dann gibt er uns ein Gerstenkorn
Und schmeißt uns in die Pfütze.

Der April

Erst ist es kühl und sommerwarm,
Dann kalt und zehn Mal heißer.
Erst bräunt die Sonne unsern Arm,
Dann macht ihn Neuschnee weißer.

Kaum holen wir den Mantel raus,
Stürzt Schwüle auf uns nieder.
Kaum ziehen wir den Mantel aus,
Vereisen Kopf und Glieder.

Dann beißt die Sonne ins Gesicht.
Dann schneit's auf heiße Ohren.
Bevor die nächste Hitze sticht,
Sind wir zum Glück erfroren.

Der Klimawandel

Wie sind doch Winter heute mild:
Als wär' im Winter Frühling!
Wenn Gleiches für den Sommer gilt:
Was wär' das für ein Feeling?

Wenn sommers sich die Wälder bunt
In herbsten Stürmen bögen?
Wenn im Oktober weiß und rund
Schneeflöckchen um uns flögen?

Wenn winters blühte Löwenzahn
Um Ros' und Salamander?
Im Frühling wär' dann Sommer dran.
Gott, was ein Durcheinander.

Das Loch

Wenn unsre Erdkruste pausiert,
Dann ist sie unterbrochen.
Geschieht dies klein und rundlich, wird
Von einem Loch gesprochen.

Wer gehend reintritt, konstatiert
Danach ein kurzes Pochen.
Tut man's beim schnellen Joggen, wird
Ein lautes Aaaa gesprochen.

Wenn es in vollem Sprint passiert,
Wird wochenlang gekrochen.
Denn bricht im Loch ein Knochen, wird
Von einem Bruch gesprochen.

Der Huckel

Er existiert, damit zum Loch
Das Gegenteil nicht fehle.
Der Huckel lastet wie ein Joch
Auf Körper, Geist und Seele.

Ins Loch tritt unser Fuß hinein
Zum Auftakt unsres Tanzes.
Stellt dann der Huckel noch ein Bein,
Versagt der Mensch als Ganzes:

Mit Bruch im Fuße knallt er in
Den Lehm, den Sand, die Pfützen.
Der Huckel hat nur eins im Sinn:
Das Loch zu unterstützen.

Der Lehm

Lehm ist fürs Glück der Menschen taub:
Er setzt sie in die Patsche.
Lehm gibt es einerseits als Staub
Und andrerseits als Matsche.

Und die macht keinen Finger krumm,
Doch sieht mit Interesse:
Der Mensch tritt rein, rutscht aus, fällt um
Und legt sich auf die Fresse.

Als Staub reißt Lehm das Ackerland
Der Menschheit aus den Händen.
Im Lehm liegt sie im Urzustand,
Am Lehm wird sie verenden.

Der Sand

Er ist an deinem Badestrand
Nicht nur gehäuft zur Stelle:
Dein Strand besteht praktisch aus Sand!
Dein Dasein wird zur Hölle:

Sand klebt an Bauch, an Fuß und Hand,
Du fällst hinein und schluckst ihn,
Erleidest einen Wutzustand,
Stehst hustend auf und spuckst ihn

Und greifst zur Flasche, doch o weh:
Sand klebt ihr rund am Halse.
Du schmeißt sie wütend – auf den Zeh
Und denkst: »Die Faust, ich ballse.«

Die Pfütze

Wer mittels Loch und Huckel in
Die Pfütze fällt, kennt beides:
Die Macht des Zorns und fernerhin
Die Diktatur des Leides.

Bevor er fiel, war alles gut.
Froh schritt er seiner Wege.
Nun liegt er nass und ohne Hut
Und schreit nach Körperpflege.

Die Pfütze ist ja niemals tiefst:
Wer fällt, darf nicht entschweben.
Er fällt und liegt und stöhnt massivst
Und muss doch weiterleben.

Die Wurzel

Sind Loch und Huckel nicht präsent,
Wird es die Wurzel richten,
Das frohe Herz, das hüpft und rennt,
Moralisch zu vernichten.

Ein hohler Halbkreis, grad fußklein:
So muss sie nichts als warten.
Erst schnellt der frohe Fuß hinein,
Dann kann das Unheil starten.

Denn hüpft das Herz auch weiterhin:
Nach vorn! Dem Ziel entgegen!,
Zwingt's doch der Fuß, sich mittendrin
Im Hüpfen hinzulegen.

Die Dämmerung

Sie machte und macht künftighin
Dem müden Menschen Sorgen.
Ist *sie*, weiß *ich* nicht, wo ich bin:
Vorm Abend? Früh am Morgen?

Wer in der Dämmerung erwacht,
Wie soll der unterscheiden:
Folgt nun die Teufelsqual der Nacht?
Des Tages Höllenleiden?

Doch droht auch dem Belämmerung,
Der einschläft, wenn es dämmert.
Denn er erwacht – zur Dämmerung:
Belämmert und behämmert!

Die Dunkelheit

Wenn einer ihm ein Beinchen stellt
Und er in schwarzes Dunkel fällt,
Worauf sein Schrei durchs Dunkel gellt,
Dann nennt er's nicht Gefälligkeit.

Wenn eine mit dem Dunklen ringt,
Ihr Blick im Dunkeln es nicht bringt,
Weil er das Dunkel nicht durchdringt,
Dann hilft ihr keine Schnelligkeit.

Im Dunklen ist der Blick erschlafft,
Weil Dunkel keine Klarsicht schafft.
Die Dunkelheit ist ekelhaft,
Doch schlimmer ist die Helligkeit.

Die Helligkeit

Wenn eine alles hellauf sieht,
Den Mann, der schießt, den Mann, der flieht,
Das Leid, das um die Erde zieht,
Dann macht sich kein Geschunkel breit.

Wenn einer ohne Zähne kaut
Und sich ins Helle nicht mehr traut:
Der Weg verbaut, das Herz ergraut –
Wie ist er das Gemunkel leid!

Im Hellen wird ganz klipp und klar
Das helle Elend offenbar.
Die Helligkeit ist ein Pissoir,
Doch schlimmer ist die Dunkelheit.

Die Ebene

Der Vorteil der Ebene ist bekannt:
Hier kommt auch das Auge zur Ruh.
Ein dünner Strich zwischen Himmel und Land.
Links Leere. Ganz rechts eine Kuh.

Dort hinten womöglich ein Bäumelein,
Verwaschen im Dunst grauen Lichts.
Die Ebene tröstet das Äugelein:
»Du bist nicht geschaffen fürs Nichts.«

Die Ebene bringt nur sich selbst hervor.
Und hätte das All einen Lauf,
Dann fielen Meteoriten im Chor
Auf sämtliche Ebenen dauf.

Die Hügellandschaft

Aus der Ferne blickt man gern auf Hügel.
Denn die Linien, die sie beschreiben,
Lassen unsern Blick wie leichte Flügel
Auf den Winden frei im Kreise treiben.

Und so geht man gern in diese Landschaft,
Und man ächzt wie alterskranke Raben,
Und man schließt mit dem Gefühl Bekanntschaft,
Dass die Beine keine Flügel haben.

Hoch und runter geht es, auf und nieder,
Auf- und abwärts, keuchend von heroben
Nach hinunter, wieder hoch und wieder
Tief hinab und himmelhoch nach oben,

Und dem Gott, der sagte: »Land, sei eben!«,
Würde man Haus, Hof und Tochter geben.

Die Steigung

Leicht wie im Fluge rollt das Rad
Auf einer sanften Neigung.
Still ruht der Muskelapparat,
Doch plötzlich: eine Steigung.

Gemacht ist sie aus Fels und Teer
Und zwanzig bösen Metern.
Das Rad rollt aus, dann gar nicht mehr.
Der Mann beginnt zu zetern.

In die Pedale steigt der Mann
Und denkt: So ist das Leben,
Und kommt total entkräftet an
Und muss sich übergeben.

Der Steilhang

Es ist nicht eben auf der Welt:
Hinauf geht's und hinunter.
Und weil kein Mensch nach oben fällt,
Fällt jeder Mensch herunter.

Zum Fallen ist der Steilhang da,
Und nichts ist noch gemeiner:
Wo ein Schritt früher Boden war,
Ist ein Schritt später keiner.

So kippt der Mensch in leerem Nichts
Vom Geraden in die Schiefe.
Dann fällt er dank des Fallgewichts
Des Körpers in die Tiefe.

Die Schlucht

Sie ist dem Steilhang wesensgleich,
Doch stärker zu verdammen:
Die Schlucht bringt auf nur einen Streich
Zwei Steilhänge zusammen.

Von daher ist's der Schlucht egal,
Aus welcher Himmelsrichtung
Der Mensch sich nähert: Allemal
Gelingt ihr die Vernichtung.

So könnt' ein Knecht des Marketings
Die Schlucht wie folgt bewerben:
»Hier fallen Sie von rechts und links
Hinunter ins Verderben.«

Der Badesee

Im Winter schwappt er trist und leer
An kalte Ufersteine.
Im Sommer zieht er Massen her
An einer Hundeleine.

Sie stopfen Grillschwein in den Mund
Und Bier aus hundert Pullen
Und lassen ihren Leinenhund
Aufs Nachbarhandtuch strullen.

Das lockt die Mücken, die ja eh
Gern Rundfunkwerbung hören.
Natur erschuf den Badesee,
Um Menschen zu zerstören.

Die abgelegene Badebucht

Wenn keine Stimmen um dich sind
In Vollmonds leichtem Licht,
Da seichter Wellen linder Wind
Die Grabesstille bricht;

Wenn tags die Zahl der Badenden
Dann steigt auf allerhand,
Der Bier- und Chipsentladenden
Sowie der Mittelstand
Aus Hitlerjungen, Leinsamen
Und Bionadesucht,

Dann warst du in der einsamen
Geheimtippbadebucht.

Der Wasserfall

Geht man bewusst zum Wasserfall
Und stellt sich untendrunter,
Dann pfeift man wie die Nachtigall
Ein Liedlein froh und munter.

Doch weiß man einmal nicht Bescheid,
Dann kann man nur noch hoffen:
Dann ist man vom Infarkt nicht weit
Und wird vielleicht getroffen.

Denn dann platscht kiloweise Nass
Urplötzlich auf den Menschen.
Wer's überlebt, vergeht an Hass.
Moral: Mensch, pay attention!

Die Quelle

Man ist an jeder Quelle
Von Menschen stark umringt,
Denn Quelle heißt die Stelle,
An der ein Fluss entspringt.

An Quellen ist das Gute:
Hier gibt es was zu sehn.
Oft springen pro Minute
Neun Tropfen oder zehn.

Aus jedem Kontinente
Sind Bürger angereist
Und posten eine Ente,
Die in die Tropfen schifft.

Am Ortsschild sich vergnügen
Anstatt am Puls der Stadt:
Wer mag die Herde rügen,
Die solche Hammel hat!

Das Ufer

Ob Rinnsal, Bach, Fluss oder See:
Das Ufer trennt sie alle
Vom festen Land, auf dem ich steh
Und tappe: in die Falle.

Wie lieblich quirlt das Rinnsal hold!
Wie keck hüpft die Forelle!
Wie glitzern sonnensilbergold
Fluss, Tümpel, See und Quelle!

Wie licht mein Herz! Wie leicht mein Sinn!
Wie liegt im Ufer Süße!
Ein Schrittlein noch zum Wasser hin –
Hurra, patschnasse Füße.

Der Weg

Du musst: Du musst von hier nach dort,
Da hat das Träumen keinen Sinn,
Da hilft kein Gott, kein Zauberwort:
Du kommst nicht ohne Weg dorthin.

Es ist ein Weg, den du schon kennst,
Weil du tagtäglich mit ihm ringst.
So ist es schnuppe, ob du rennst,
Kriechst oder hüpfst, schleichst oder hinkst:

Erst geht es hier, dann dort entlang
Und links und rechts und geradeaus.
Es läuft bei *jedem* neuen Gang
Auf *immer* diesen Weg hinaus.

Die Gabelung

O güldene Oktoberzeit,
O kühne Waldesruhe!
O Laub im roten Abendkleid,
O lé, ihr Wanderschuhe!

O Tag aus Ying und Yang und Yung!
Nie war die Seele milder.
Am Abend dann die Gabelung.
Drei Wege. Keine Schilder.

Wir würfeln. Wir verlaufen uns,
Von kalter Nacht verborgen.
Wir setzen und besaufen uns
Und frieren bis zum Morgen.

Der Baum

Der Baum steht scheinbar nur herum,
Wie's halt sein Privileg ist.
Doch bringt er Autofahrer um,
Weil er *gezielt* im Weg ist.

Dann lacht der Baum und bleibt wohlauf
Und wird im Herbst gar bunter.
So lockt er Kinder auf sich drauf
Und schmeißt sie wieder runter.

Und doch gibt er sich gern bedroht:
Dass Frauen ihn umarmen.
Dann fällt er um, und sie sind tot.
Der Baum kennt kein Erbarmen.

Die Wiese

Und ist einmal kein Baum zur Hand,
Dann gibt es eine Wiese.
Der Teufel hat sie umbenannt,
Denn früher hieß sie Fiese.

Die auf ihr gehen, tragen schwer
An Läusen, Wanzen, Zecken
Und fallen um und kriegen sehr
Sehr fiese grüne Flecken.

Auch jucken kann die Wiese gut:
Man kratzt die Haut zuschanden.
So ist auf Wiesen nichts als Wut,
Zorn, Groll und Hass vorhanden.

Die Heide

Seht die Jungverliebten reisen,
Seht sie um die Welten kreisen
Vogelleicht von hier nach dort!
Und sie fliegen mit den Winden,
Und sie werden Betten finden,
Denn die Erde ist ihr Ort.

Seht die Nichtmehrganzsojungen
Zwischen lust- und notgedrungen
Auf dem Weg zum Ferienhaus!
Und sie schätzen seine Lage,
Und die hängt am zehnten Tage
Wunderbar zum Hals heraus.

Seht die Alten schließlich beide
Einmal jährlich in der Heide
Zwischen Wolfs- und Lüneburg!
Und auf nährstoffarmen Böden
Wächst rein nix als diese öden
Heidekrautgewichse … urrgh.

Der Frühling

Der Frühling ist zu kalt fürs Meer
Und ist zu warm zum Rodeln.
Insekten saufen Menschen leer
Und bringen sie zum Brodeln.

Die Erde stinkt, der Bauer müllt
Tierkot in Ackerfalten,
Die Birke pollt, der Barde brüllt –
Es ist nicht auszuhalten.

Im Schatten frieren Ohren zu,
Die in der Sonne kochen.
Der Frühling ist 'ne blöde Kuh
Und dauert zwölf (12!) Wochen.

Der Heuschnupfen

Ein Jucken, dann ein Brennen in
Der Nase. Tropfen fließen.
Ein Brennen, dann ein Flennen in
Den Augen. Tränen schießen.

Die Nase brodelt. Taschentuch!
Keins da. Der Schleim vermehrt sich.
Ein letzter Taschentuchversuch –
Zu spät. Der Mensch entleert sich:

Er atmet Lüfte ein, »haa-hää…«,
Die Augen zu, Mund offen,
Und Meere wieder aus, »hatschääh!«
Die Umwelt ist betroffen.

Der Mairegen

Bäume schlagen aus, doch unter Mützen
Huschen Mäntel. Kalter Regen fällt
Im Akkord auf aberfette Pfützen
Und seit hundert Tagen auf die Welt.

Hinter Fenstern ist das Glück zerrissen.
Eine Mutter schlägt ihr blindes Kind.
Jungverliebte halten sich und wissen,
Dass sie morgen wieder einsam sind.

Wonnemonat, ha, man hört ihm trapsen.
Erderwärmung ist ein faules Ei.
In den Sexshops ladenhüten Strapsen,
Und im Juni ist der Mai – vorbei.

Der laue Abend

Polle, Regen, Beulenpest,
In einem sind sie labend:
Sie zwingen Menschen in ihr Nest.
Anders der laue Abend.

Er zwingt die Menschen aus dem Haus
In die Cafés der Plätze.
Sie holen schwarze Brillen raus
Und brüllen graue Sätze.

Ob Wespen hören? Jedenfalls:
Mich freut, wie gern sie stechen,
Um meinen armen dicken Hals
Auf ihre Art zu rächen.

Die Sommerzeit

Tagtäglich wird uns Schlaf geklaut,
Tagtäglich eine Stunde.
Ein halbes Jahr lang: Nacht versaut.
Grau geht der Mensch zugrunde.

Weil böse Industrie es will,
Erwacht er mit den Hähnen.
Einst hieß der Sommer Bier und Grill,
Heut heißt der Sommer Gähnen.

Die Schüler schnarchen in der Bank,
Die Arbeiter am Bande.
Die Sommerzeit ist geisteskrank.
O Ferkelei, o Schande!

Der Regenbogen

Den Regenbogen gibt es nicht,
Egal wie Menschen stieren.
Um sie zu täuschen, lässt er Licht
Und Wasser reagieren.

Gern tut er's nah der Autobahn,
Wo SUVs die Ehre haben.
Sie rasen an und starren an
Und sausen in den Graben.

Dann lässt er die mit blauem Licht
Auf die im Graben knallen.
Den Regenbogen gibt es nicht,
Doch weiß er zu gefallen.

Der Hagel

Kein Schnee fällt im Sommer. Das weiß man
Und geht hutfrei in leichtesten Zwirnen.
Doch plötzlich fällt Regen aus Eis, Mann,
Und macht Löcher in hutfreie Birnen.

Der Hagel gehört zu den Lumpen,
Ja den Ärschen der Niederschlagsarten;
Zumal wenn die Körner verklumpen
Und mutieren: zu Killertomaten.

Der Tod kommt von oben. Erst lautlos,
Später tosend vernichtet er Mütter
Und Kinder und oft auch die Autos
Ihrer Väter und Männer. Echt bitter.

Der Herbst

So frisch die Luft! Der Wald so bunt!
Froh tanzen Wind und Regen!
Froh holst du dir die Grippe und
Dann heißt es: Blätter fegen.

So trief der Matsch! Der Fuß so taub!
Wild küsst der Sturm die Nässe!
Wild legst du dich auf dunklem Laub
Hell jauchzend auf die Fresse.

Und weil du grad am Boden bist:
Erst fault der Ast, dann fällter.
Wie gut, dass bald schon Winter ist:
Noch blöder und noch kälter.

Die Heizung

Im Sommer geht die Heizung aus
Und schrumpft zur Nebensache.
Der Bürger schwitzt im heißen Haus,
Die Heizung sinnt auf Rache.

Dann wird es kalt. Man macht sie an –
Gluckgluck. Der Bürger zittert.
Frost kriecht vom Boden in den Mann,
Und auch die Frau verbittert.

Am ersten Tag, da man sie braucht,
Zeigt Heizung ihre Messer.
Nach Wochen ist ihr Hass verraucht,
Dann heizt sie etwas besser.

Der Schnee

Das fängt schon kurz vorm Winter an.
Erst schallen die Klingglöckchen,
Dann wird es viel zu kalt, und dann:
Dann fallen diese Flöckchen.

Und Kinder rufen: »Flöckchen, guck!
Wir Schlitten fahrn! O seht doch!«
Und Eltern denken: »Flöckchen fuck.
Ihr Schlitten fahrn? Dann geht doch.«

Dann setzen sie die Kinder drauf
Und ziehn sie froh und munter
Berg hoch, bergauf, bergan, Berg rauf.
Dann fahrn sie wieder runter.

Das Blitzeis

Man tritt vors Haus und legt sich hin,
Erhebt sich und saust nieder.
Nun denn, sagt man, ein Neubeginn,
Auf auf! Dann liegt man wieder.

Man steht und sagt: Wie ungesund
Ist doch gefrorne Nässe!
Dann fällt man auf die Hände und
Von dort aus auf die Fresse.

Na ja, sagt man, na wart, du Schuft;
Tod allen kalten Wintern!
Die Füße fliegen in die Luft,
Dann sitzt man auf dem Hintern.

Der Winter

Vor Kälte tut die Birne weh.
Erfroren sind die Flossen.
Wir fallen um auf glattem Schnee
Wie hinterrücks erschossen.

Wir wickeln uns in Felle ein
Und nehmen Grog zum Zechen.
Wir schlafen auf der Stelle ein
Und hören auf zu sprechen.

Wir machen dickes Fett aufs Brot.
Es hört nicht auf zu schneien.
Ab morgen stellen wir uns tot
Und wecken uns im Maien.

Der Dachschaden

So frieren alle mittenmang
Im Wetter, ei, wie kalt.
Wir frieren auf dem Stadtrundgang
Und schnattern im Wald.

Noch kälter wird es balde sein,
Wenn Winter kömmt in Schwung:
Dann wird's eiskalt im Walde sein
Und auf dem Stadtrundgung.

»Rundgung, Rundgung – da muss ein a!
Rundgang muss Rundgang bleiben!«
Nein, muss es nicht. Und guck mal da:
Ich kann auch Röndgöng schreiben!

Häh! Röndgöng! Schöißdräck Wönterzöit!
Wör hösten önd wör rötzen!
Wör dröhen dörch! Bäld äst's sö wöit.
Där Wäntör äst zöm Kötzen!

Die Grippe

Der Mensch liebt freie Zweisamkeit,
Die Grippe liebt das Klammern.
Wie viele liegen, ach, zurzeit
Mit ihr im Bett und jammern:

»Wie weh mir, ach, die Birne tut!
Das Fieber, ächz, wie heftig!
Der schwache Körper ausgebuht
Und nur der Husten: kräftig.«

So satt sie dann nach Hause geht,
So hungrig kommt sie wieder:
Wer eine Welle übersteht,
Den wirft die nächste nieder.

Der Blitz

Da nähert sich die schwarze Wand.
Der Mittag fällt ins Dämmern.
Da steht der Nachbar linker Hand.
Der Nachbar liebt das Hämmern.

Nun hat er wieder ein Gerät
Zum Draufhämmern gefunden.
Nun zuckt ein Licht. Es donnert spät.
Dann schwinden die Sekunden.

Dann kracht der Blitz! Die Luft erbebt!
Doch ist die Beute mager:
Der Schuppen brennt. Der Nachbar lebt.
Der Blitz ist ein Versager.

Der Donner

Kaum macht dich, da der Blitz nicht traf,
Der Regen lebensmüde,
Reißt dich der Donner aus dem Schlaf:
Sehr rau, sehr roh, sehr rüde.

Er bollert tobend bombenschwer
Und macht die Müden weinen.
Er kommt als großer Knall daher
Und hat erkennbar einen:

Als ob er selbst, und nicht der Blitz,
Der Hauptdarsteller wäre!
Der Donner ist der größte Witz
Und Arsch der Troposphäre.

III
SAUEREIEN SPEZIAL:
BLUMEN, LÖWEN, FINNEN

Die Tulpe

Das Blumenwirrwarr macht uns kirr:
Kein Mann weiß es mit Worten.
Die Frau allein, halb Mensch, halb Tier,
Kennt alle Blumensorten.

Im Frühling ruft sie: »Liebster, schau!
Sieh, wie die Tulpen kommen!«
Der Liebste sieht nix. »Tullpen. Wow.«
Ein Strauß wird mitgenommen.

Zuhause stellt sie das dann auf
Und will, dass es bemerkt wird,
Wodurch die Liebe im Verlauf
Des Frühlings sehr gestärkt wird.

Der Lärm

Die Krähe kräht, die Tochter haut
Den Sohn, ein Schrei, Geflenne,
Die Grille tobt, der Nachbar baut
Aufs Dach die Sat-Antenne,

Der Nachbar klopft, der Köter bellt,
Das Flugzeug kommt vom Fraport,
Der Blitzschlag kracht, der Nachbar fällt
Vom Dach auf seinen Carport,

Das Handy rockt, der Auspuff röhrt,
»Fisch!«, brüllt der Fischverkäufer,
Dann, endlich: Nacht. Die Nacht gehört
Den Schreierein der Säufer.

Das Ohr

Das Ohr vermittelt allen Scheiß:
Den Lärm des falschen Lebens.
Frühmenschen zahlten diesen Preis
Und zahlten ihn ergebenst.

Es warnte sie vor Tiger, Bär,
Vor Wölfen und vor Schlangen.
Doch diese Feinde gibt's nicht mehr,
Seitdem wir sie bezwangen.

So blieb von Tönen nur die Fron:
Der Jazz, die Schlagergören,
Die Meinungen, das Telefon –
Kein Mensch muss heut noch hören.

Der Tag und die Nacht

Kann schon der schwere Schlaf der Nacht
Den Menschen nicht erquicken,
Zwingt ihn der Tag mit aller Macht
Zur Fron in die Fabriken.

Der schlimme Tag nimmt seinen Lauf
Und eine schlimme Wende:
Zieht abends erst mal Nacht herauf,
Dann geht's mit ihm zu Ende.

Nun wird der Mensch, vom Tag geknickt,
In schwerer Nacht verzagen,
Um nach der Nacht, die nicht erqickt,
Die Fron des Tags zu tragen.

Die Fron des Tags

Auch neuste Affen sind nicht gleich.
Denn einer unter vielen
Macht viele arm und sich steinreich.
Dann geht er Tennis spielen.

So gibt es Herr und Dienerschaft
Von Grönland bis nach ~~Burma~~ Birma.
Er lebt von *ihrer* Arbeitskraft
Und nennt's doch *seine* Firma.

Und alle müssen früh dorthin
Und dürfen spät nach Hause.
So schuften sie in seinem Sinn
Und fressen in der Pause.

Das Tennisspiel

Erst saust ein gelbes Bällchen sehr
Erregt von hüb' nach drüben.
Vier Stunden saust es hin und her,
Das gibt uns Zeit zum Üben:

Die Birne links! Die Birne rechts!
Und links! Und rechts! Geschwinde!
Froh dreht im Laufe des Gefechts
Sich manche vom Gewinde.

Am Ende bleckt ein reicher Lurch
In krassen Shorts die Fäuste.
Moral: Sei du mit Tennis durch –
Erst guckste, dann bereuste.

Der Finne

Pro dreißig Finnen gibt es einen See
Mit hundertzehn hoch zehn Milliarden Mücken.
Die pflegen nur im Juli auszurücken,
Denn von August bis Juni liegt der Schnee
Schwarz wie das Land. Nur einmal wird es bunter:
Am vierten Juli geht die Sonne auf.
Drei Nächte strahlt sie hell in ihrem Lauf
Und geht am siebten Juli wieder unter.

Fünftausend Finnen gibt's. Still wie das Land.
Und schwarze Stille gräbt sich in den Finnen.
Viertausend sind im Kopf verrückt und spinnen,
Die anderen verloren den Verstand.
So komponiert der Finne dunklen Scheiß
Und malt ein Zeug, es ist nicht zu ertragen.
Gern setzt er sich nach schwarzen kalten Tagen
In Hellholzhütten, die sind kochend heiß.

Dort sitzt er nackt, und seine Haut wird rot.
Rot sitzt er nackt auf roten Finnenbäuchen
Und trinkt den Grog aus Rentiermagenschläuchen.
Dann schläft er ein und brät bis in den Tod.
Tot hüpft er rot ins kalte Finnenwasser
Und saust tief unterm Eis galant herum.
Der Finne nimmt uns Hass und Spott nicht krumm:
Der Finne ist der größte Finnenhasser.

Die Bandscheiben

Als Zeitbomben gastieren sie
Bei unseren Rückwirblen,
Und rumms!, dann explodieren sie
Und fangen an zu zwirbeln.

Dann tut das Sitzen just so weh
Wie's Stehen oder Laufen.
Da hilft kein Arzt, kein Kräutertee,
Da hilft nur Komasaufen.

Oft ist das Leben leer und still,
Und nichts gibt's zu berichten.
Ein *solcher* Vorfall aber will
Nur eines: uns vernichten.

Das Essen

Drei Mal am Tag. Mal sieben, dann
Mal vier mal zwölf. – O wei.
Wie lange so was dauern kann:
Mal grad ein Jahr vorbei!

Der Mensch wird aber neunzig alt.
Nie hat er eine Wahl:
Wer's nicht tut, stirbt. Da frisst er halt.
Einhunderttausend Mal.

Kartoffeln, Brot, Gemüse, Fisch,
Obst, Nudeln, Brot, Fleisch, Reis
Und Brot. Viel Brot. Auf auf, zu Tisch.
Rein mit dem Scheiß.

Das Trinken

Es gilt der Wein als guter Saft
Den Schwätzern, die mal nippen.
Kein Kenner hat es je geschafft,
Nicht plötzlich umzukippen.

Nach einem Glas muss noch eins her
Und noch eins her und noch eins.
Nach sieben will man keines mehr
Und nach dem achten doch eins.

Dann hört man mit dem Zählen auf
Im Unterschied zum Trinken.
Frohlockend zieht der Tag herauf,
Wenn wir vornübersinken.

Das Reinheitsgebotsbier

Seit fünf Jahrhunderten darf nun
Der deutsche Brauer in sein Bier
Nur Hefe, Malz und Hopfen tun.
So soll es sein, so schmeckt es mir.

Sehr gut sogar! Gluckgluck! Helau!
Nur rin mit diesem Reinheitszeuch –
Schon teilt sich m-meine Ehefrau…
Hallo, ihr zwei! Ich l-liebe euch!

Was les ich da?! Ich spinne wohl,
Ja war der Brauer n-noch bei Trost?!
Hier steht ganz deutlich: Allohol!
Dss Bier is v-völlig unrein, prost!

Das Dorf

Der Mensch kann nicht alleine sein
Gemüt und Land bebauen.
Vonnöten sind Kuh, Huhn und Schwein,
Zehn Männer und zehn Frauen.

So gibt das Dorf dem Menschen das,
Was Kindern eine Wiege.
Geboten sind Neid, Wut und Hass,
Gemeinheit und Intrige.

Dies alles muss verlässlich sein
So wie die Milch der Mutter,
Und Häuser müssen hässlich sein.
Dann ist das Dorf in Butter.

Die Pegidas

Die hässlichsten der Menschen hier
Im Reich von Oder/Neiße,
Die wollen keine Neger hier,
Und wenn, dann kreideweiße.

Sie mögen Herzen gerne hart
Und lieben weiche Birnen
Zu Ochs- und Schafskopf ungegart,
Serviert an Spatzenhirnen.

Im Meer aus Not und Kriegen ist
Die Hilfe eine Perle.
Im Heer aus Kot und Fliegenmist
Erblühen dumme Kerle.

Der Zaun

Der Zaun soll große Gärten klein
Und Wiesen winzig machen.
Der Zaun soll stolze Grenze sein
Und ist doch meist zum Lachen.

Sein Sein zählt zu den widrigen.
Auch Menschen widerstrebt er:
Der übersteigt die niedrigen,
Und hohe untergräbt er.

So baut zumeist ein Esel ihn.
Doch Schweine, die ihn bauen
Vor Leuten, die vor Elend fliehn,
Die soll der Zaun verhauen.

Das Lagerfeuer

Die lutherische Jugend sitzt
Ums Feuer und singt Lieder.
Der Glaube wärmt. Gewitter blitzt.
Sie schweigt. Dann singt sie wieder.

Sie singt von Gott als Du des Ich.
A-Moll, E-Dur, H-sieben.
Die Wesen schauen wesentlich.
Gott kennen heißt: ihn lieben.

»ER wird die Laute, die ihn preist,
Mit heil'gem Wasser segnen!«
Gesagt, getan: Ein Donner kreist,
Dann fängt es an zu regnen.

Die Frau

Das Menschenweibchen nennt sich Frau.
Sie sieht vergleichbar gut aus
Mit ihrem Kopf und Körperbau.
Auch brütet sie die Brut aus.

Sie stellt die Muttermilch bereit.
Der Mann hat seine Ruhe
Und kauft zum Dank ein Hochzeitskleid
Und hunderttausend Schuhe.

Dann stirbt der Mann. Die Frau wird alt.
So ist's bei beiden erblich.
Der Mensch in seiner Weibsgestalt
Ist tendenziell unsterblich.

Der Mann

Das Menschenmännchen nennt sich Mann
Und hat fürs Wort ein Händchen:
Mann hört sich vielfach größer an
Und männlicher als Männchen.

Doch wenn er eine Frau ansieht,
Wird größer nur sein Penis.
Sie findet's schön. Was dann geschieht,
Ist laut und unhygienis.

Im Alter wird der Mann zum Kropf:
Ganz unnütz und verloren.
Die Haare welken auf dem Kopf
Und blühen aus den Ohren.

Das Kind

Das Menschenjunge nennt man Kind.
Es wird zu früh geboren.
Es kann nicht laufen und ist blind
Und schreit uns in die Ohren.

Dann will es an die Mutterbrust.
Die Mutter lässt's geschehen.
Der Vater muss mit seiner Lust
Zu einer andern gehen.

So nimmt das Unheil seinen Lauf:
Der Mann liegt bei den Vielen,
Das Kind wächst bei der Mutter auf
Und kann nicht Fußball spielen.

Der Spinat

Aus Kinderaugen ist das Glück
Nicht leicht herauszukriegen:
Ein Eis, ein Schokoladenstück,
Und Kinder können fliegen.

Doch gibt es ja Gemüse und
Zumal das eisenreiche.
Zumal Spinat schmeckt sehr gesund,
Zumal der speichelweiche.

»Du isst den Teller leer, kapiert?!«
Wenn Eltern deutlich sprechen,
Erlernt das Kind hoch motiviert
Das Würgen und das Brechen.

Der Rosenkohl

Er schmeckt nach reinem Teufelsbrei
Und muss leicht übergar sein.
Ein Biss, ein Schreck, ein Kinderschrei:
»O Gott! Das darf nicht wahr sein!«

Von Zahn und Zunge kriecht der Matsch
In Hals und Speiseröhre.
»Nein! Mama!« – »Teller leer!«, klatschklatsch,
»Hinein damit, du Göre!«

Dazu ein Wasser, nicht zu frisch,
Leicht trüb, hautwarm, ein stilles.
Und eines Tages spricht am Tisch
Ein blasses Kind: »Ich will es.«

Der Esel

Du stehst im Stall mit Gottes Sohn.
Du bockst. Du neigst zur Sprödheit.
Du bist die inkarnierte Fron
Und Inbegriff der Blödheit.

An deinem Hirn steht »Ausverkauf«.
Nachts legst du dich zum Ratzen.
Am Morgen stehst du wieder auf
Und willst vor Blödheit platzen.

Du lachst, wenn du im Staube wühlst,
Und freust dich an Beschwerden.
Wenn du dich angesprochen fühlst,
Dann magst du Esel werden.

Das Dschungelcamp

Die Armen würden gerne gehn,
Doch lässt man sie nicht raus.
Ihr Leid ist kaum mitanzusehn:
Wie halten die das aus?

Wie glibbrig diese Wesen sind!
Und äähh, die vielen Beine!
Und wie gemein die Spesen sind:
Für Tiere gibt's gar keine!

Aus Eimer kippt man sie wie Brei
Auf diese Wesen nieder.
Zwei Wochen währt die Quälerei,
Dann gehn die Wesen wieder.

Der Löwe

Der Löwe ist ein großes Tier
Mit einer großen Schnute.
Wenn er dir nachrennt, wünschst du dir
Viel Glück und alles Gute.

Dann sagst du: Oh, ein Schwergewicht
Ist auf mich draufgefallen.
Du denkst: Mensch, ärgere dich nicht.
Ein Wort zu seinen Krallen:

Sie sind recht gut. Du sagst: Au weh.
Dann senkt sich seine Mähne.
Du sagst: Na ja, nun denn, ade
Und denkst: Mensch, hat *der* Zäh

Die Artenvielfalt

Ist deine Hose nicht mehr gut,
Ist auch dein Tag missraten.
Denn im Geschäft packt dich die Wut:
Da liegt ein Dutzend Arten!

Derselbe Unsinn auch beim Tier:
Ein Wirrwarr allerorten.
Doch warum bitte brauchen wir
Da mehr als ein, zwei Sorten?

Zwei Sorten Pferd, zwei Katz, zwei Hund,
Ein Fisch, ein Summ, ein Krabbel.
Mehr braucht kein Mensch zum Leben und
Schluss wär's mit dem Gebabbel.

Die Nutztiere

Hier nimmt die Vielfalt gar noch zu.
Längst wissen nur noch Streber:
Wie heißt der Ehemann der Kuh?
Rind? Ochse? Büffel? Eber?

Wer kriegt das Kalb? Was weiß denn ich.
Wer macht so bimmelbammel?
Wie heißt der Bock beim Gänserich?
Lamm? Ziege? Fohlen? Hammel?

Was hat der Stier für einen Sinn?
Wann geben Ferkel Eier?
Wie heißt das Kind der Schäferin:
Die Kitz? Ach, weiß der Geier.

Der Hund

Was ist der Hund? Ein Menschentier.
Was hat der Hund? Vier Beine.
Wo hängt der Hund? Er hängt mir dir
An einer Hundeleine.

Was tut der Hund? Er sabbert stark.
Was muss er? Bello heißen.
Was muss er noch? Acht Mal am Tag
Auf Bürgersteige scheißen.

Was kann der Hund? Nichts kann der Hund.
Wen liebt der Hund? Den Schinder.
Wen beißt er tot? Die Enten und
Die Schinderwelpen (Kinder).

Der Wetterfrosch

Er quakt: »Ab morgen ist es heiß!
Ich bin der Wahrheit Bote!«
Am Morgen ist die Erde weiß.
Ein Schneesturm fordert Tote.

Er quakt: »Ab morgen ist es kalt!
Ich bin, der Wahres kündet!«
Am Morgen brennen Feld und Wald,
Von heißem Wind entzündet.

Er quakt: »Ab morgen gießt es schier!«
Am Morgen schiere Bläue
Ums wahrlich tollste Erdentier.
O Wetterfrosch, bereue!

Der Osterhase

Zum Ostermorgen schmücket er
Das Abendland von alters her
Mit alten Eiern, die sind bunt
Und machen dumm und ungesund.

Schnell finden sie die Kinderlein
Und schreien: »Heut muss Ostern sein!
Weil nämlich Christkind und Neujahr,
Da liegen mehr so Touchpads da!«

Die Mutter weckt den Ehemann,
Die Kinder machen Fernsehn an
Und fressen alle Eier auf,
Dann hört die Osterfeier auf.

Die Kräuter

Bei den Pilzen, die uns still vergiften,
Und den falschen Beeren, deren Saft
Lachend Leben in die Gräber schafft,
Wachsen Kräuter, die aus lehmversifften

Schatten hoch ins Helle driften
(Einer Sonne, die das Hirn erschlafft),
Wo die Liebste sie beseelt begafft
Wie die Hascherhippies, wenn sie kifften.

Und die Liebste folgt der Zwangsidee,
Jene Kräuter allesamt zu pflücken,
Und die Beute wuchert zur Armee.

Und die Liebste fliegt wie eine Fee
Hin zum Liebsten, um ihn zu beglücken
Mit dem Blödsinn namens »Kräutertee«.

Die Orchidee

Sie ist so schön, sie ist so zart,
Sie ist so lachhaft teuer.
Sie ist die schlimmste Blumenart.
Sie ist ein Ungeheuer.

Zum Preis von einer gäbe es
2 Starposter von Klose,
3 fette Scheiben Leberkäs,
4 Pommes Currysoße.

Dies alles aber gibt es nicht.
Es gibt: die Orchidee
Und eine Frau, die trotzdem spricht:
»Mir reicht's, du Arsch. Ich gehe.«

Die Straße

Der Frühmensch lebte auf dem Baum
In affenwilden Haufen.
Den Baum hat er dann umgehaun:
Er wollt' am Boden laufen.

Das Laufen war ihm bald zu hart.
Entkräftet starben viele.
Zu Hilfe kam der Gaul, das Rad,
Zuletzt Automobile.

Die fahren schnell und recht gehäuft
Und bringen Glück *und* Scherben:
Wer heute auf dem Boden läuft,
Der darf bei Kräften sterben.

Die linke Spur

Sie sehnen sich nach Schlafes großem Bruder,
Denn all ihr Leben dünkt sie Sakrileg.
So führt ihr Lenkrad wie ein Gottesruder
Sie auf den rechten: auf den linken Weg.

Gott segnet sie in ihren Großfuhrwerken,
Und seine Liebsten heißen BMW
Mit ihrer Kraft von tausend Pferdestärken
Und ihren Mägen aus Gethsemane.

Und dankbar über all die schnellen Stellen,
Da eine Grade sie zum Rasen zwingt,
Sieht man die Frommen heiligfroh zerschellen
Am Vordermann, der sie zum Vater bringt.

Die Autobahn

Würden Raser ihre Spiele
Nur mit ihresgleichen machen
Und nicht jeden Tag auch viele
Andere zu Leichen machen,

Würde niemand etwas sagen,
Wenn sie da mit Minipimmel
Und gestreckten Maxiwagen
Fliegen Richtung Raserhimmel –

Aber die das Leben ächten,
Möchten allen tödlich sein:
Weil sie gerne sterben möchten,
Aber gerne nicht allein.

Der Aussichtspunkt

Hier wird man nie alleine stehn,
Weil jeder Mensch nicht dumm ist:
Von hier aus kann er prima sehn,
Wie rund das Rundherum ist.

Erst steckt er Taler in ein Rohr
Und sieht nichts und ist sauer.
Dann beugen Kinder sich weit vor
Und fallen von der Mauer.

Dann ist die Ausfahrt zugestellt,
Worauf auch Schüsse fallen.
Der Aussichtspunkt ist auf der Welt
Der schönste Punkt von allen.

Die Bahn

Im Norden steht ein Mann am Gleis,
Der wollte in den Süden.
Er steht seit Tagen, und er weiß:
Der Weg wird ihn ermüden.

Die Züge stehn im Abendlicht.
Der erste ruft: Ich fahr nicht!
Der zweite: Ich beweg mich nicht!
Der dritte: Ich schon gar nicht!

Zum Glück wird jeder Streik der Bahn
Im Streikverlauf verfeinert:
Dann streikt auch der Ersatzfahrplan. –
Der Mann ist dann versteinert.

Das selbstfahrende Auto

Aufs Auto passt der Fahrer auf?
Wie peinlich! Wie bescheuert!
Wir alle freuen uns darauf,
Dass es sich selber steuert.

Ein Gleiten über Stadt und Land,
Ein Traum, ein Baum, ein Knallen.
Die Kamera ist durchgebrannt,
Das hat ihr nicht gefallen.

Das kluge Auto setzt zurück.
Wie lässig! Wie geschwinde!
Und untendrunter lacht vor Glück
Die Mutter mit dem Kinde.

Das Freibad

Die Hitze sticht, die Sonne strahlt,
Asphalt zerplatzt und brodelt?
Man geht ins Freibad, und man aalt
Im kühlen Nass und jodelt.

Wie frei man ist! Ganz wie daheim!
Und man spendiert nach Kräften
Sein Mix aus gutem Schweiß & Schleim
Und feinsten Körpersäften,

Und auf dem Grunde gründeln froh
Die Pflaster, Tempos, Binden –
Im Freibad ruft man zweimal O:
»O Lust! O Wohlbefinden!«

Das Bleigießen

Silvester muss das Flüssigblei
Ins Wasser, wo es hart wird,
Damit total pr-promillefrei
Die Z-Zukunft offenbart wird:

»Sieht s-silber aus. Ich werde reich!«
»Isch Fisch! Mit sieben F-Flossen!«
»'n Kreuz! Hähä, ischterbe gleich.«
»Ich habe – Blei gegossen!

Ich werde Blei! Habt ihr k-kapiert?!«
O seliges Geraune.
So schließt das Jahr, wie's neue wird:
Strunzblöd und bester Laune.

Der gute Vorsatz

Hoch die Gutensitten-Strolche,
Hoch die Mahner: »Tu was, Mann!«
Gute Vorsätze sind solche,
Die man *nicht* gut brechen kann.

Kräutertee statt Weizen trinken,
Fitnessstudio statt Bett,
Tofu statt Serrano-Schinken?
Klüger ist der Kopf *vorm* Brett:

Großes Bier statt kleiner Suppe!
Schlemmertopf statt Straf-Gericht!
Und zum Nachtisch Mousse & Fluppe:
Solchen Vorsatz bricht man nicht.

Der Kater

Der Abend nippt am guten Wein.
Die ersten Böller krachen.
Nachts schiebt man weichen Whiskey rein,
Danach die harten Sachen.

Man spürt im Schlaf: Da ist ein Dieb
Ins Schlafgemach geschlichen.
Am Morgen ist der Lebenstrieb
Dem Todeswunsch gewichen.

Im Kopf zerplatzt der Overkill,
Im Magen ätzt der Trester.
Der Tag, nach dem man sterben will,
Heißt demgemäß Silvester.

IV
MONSTRÖSE SAUEREIEN:
SONNE, MOND UND STERNE

Die Sonne

Dem Raubtier gibt sie Lebenslicht
Und giftig grünen Pflanzen.
Sie bräunt die faule Oberschicht
Und spuckt Protuberanzen.

Schmilzt deinem Kind das Erdbeereis:
Die Sonne steckt dahinter.
Sie scheint im Sommer viel zu heiß
Und viel zu kalt im Winter.

Sie scheint zu dunkel in der Nacht
Und viel zu hell am Tage.
Ein Teufel hat sie ausgedacht
Als größte Menschenplage.

Der Mond

Springst du des Nachts vom Fels ins Meer
Und brichst dir alle Knochen
Und röchelst »Huch, das Meer ist leer«:
Das hat der Mond verbrochen.

Doch stehst du auf als ganzer Mann,
Dann wird das nicht geduldet:
Dann rollt die Monsterwelle an.
Die hat der Mond verschuldet.

Doch stehst du auf, bist du erblickt,
Ermordet und verloren.
Den Mörder hat der Mond geschickt:
Sein Licht hat dich erkoren.

Der Himmel

An blöden Tagen ist er blau,
Dann müssen alle wandern.
An öden Tagen ist er grau
Und weiß an allen andern.

Nie schillernd grün, nie violett,
Nie pink – rund um die Erde.
Was bleibt? Man bleibt genervt im Bett
Und schreibt eine Beschwerde:

»Auch 's sogenannte Abendrot
Erkennt man nur, weil 's dransteht.
Der Himmel ist ein Idiot,
Was Farbgestaltung angeht.«

Die Wolkendecke

Sie macht den Himmel unsichtbar
Und alles noch viel schlimmer.
Den Herbst bedeckt sie immerdar,
Den Jahresrest fast immer.

Die Farbpalette reicht von Grau
Zu grabesschwarzen Tönen.
Zur Auswahl haben Mann und Frau
Das Weinen und das Stöhnen.

Im Unterschied zur Wolldecke
Wärmt Wolkendecke kläglich.
Der Volksmund nennt sie »Grolldecke«,
Denn Volksmund reimt unsäglich …

Der Gestank

O linde laue blaue Luft
Des Frühlings, ahh, im Maien!
O güldensüßer Blütenduft:
Karibisch, ja hawaiien.

Doch plötzlich: Hilfe! Taumel! Wank!
O Maien, wasisdasdenn?
Statt Blütenduft ein Pestgestank
Zum Weglaufen, ja -hasten!

Doch ist Gestank so wie der Duft
Nicht nur unhör- und -sichtbar:
Gestank besteht wie Duft aus – Luft;
Und die ist unverzichtbar.

Die Luft

Sie macht uns mit dem ersten Schrei'n
Zu willenlosen Sklaven.
Wir atmen ein und aus und ein,
Zum Teil sogar beim Schlafen.

Die Luft ist überall, und nie
Hat sie ein Mensch bezwungen:
Ganz still und heimlich breitet sie
Sich aus in *unsren* Lungen!

Die sie brav atmen, werden alt;
Doch sterben sie auf Krücken.
Nichtatmer lässt die Luft eiskalt
An Luftmangel ersticken.

Der Raum

Ein jeder träumt an seinem Ort
Von einem guten andern.
Doch trennt der Raum das Hier vom Dort.
So ist er schuld am Wandern.

Zuzeiten hilft auch das nicht mehr.
Ich sage nur: Seychellen.
So ist der Raum schuld am Verkehr
Und den Verkehrsunfällen.

Und manchmal ist der Raum zu klein.
Dann holt der Kopf sich Schrammen
Und bricht der kleine Zeh am Stein.
Der Raum ist zu verdammen.

Der Bundeswehr *

»Die Bundeswehr, die Bundeswehr,
Die gibt's jetzt sechzig Jahre.
Sie rührt vom Kanzler Hitler her
Und steht auf Himmlerhaare,
Weil so ein kahler Ochsenkopf
Für nix als Helme gut ist
Und oben im Soldatentropf
Statt Hirn nur faule Sud ist,
Ein Sondermüll aus brackem Brei
Mit eklen Würgebröckchen –
Die Bundeswehr wird sechzig! Hei-
SS/SA plärren die Klingglöckchen!«
So klingt ein altes Vorurteil,
Das leider jung geblieben,
Und so klingt Gottes Wahrheit, weil
Ich hab's ja selbst geschrieben!
Was das ein *cranker* Haufen ist!
Aus Krampen, Kröten, Killern,
Der da am Sich-Besaufen ist
Und In-die-Hose-Pillern,
Und robben tunse Tag und Nacht
Durch Schlamm und kalte Pfützen,

* *zum Sechzigsten*

Da haben Schweine reingemacht,
Und schwitzen Liegestützen
Und werden Ufz und Offizier
Und rülpsen in ihr Dinner,
Und Silben könnse zwei bis vier
Und brüllen rum wie Spinner:
»Linksrechtslinksrechts!«, ein Superkack,
Serviert von Idioten
Für ärmstes Idiotenpack
Aus hirnorganisch Toten,
Die stehen gegen fünf Uhr auf
Und fressen graue Pampe
Und machen Rucksackdauerlauf
Mit Katerkopf und -wampe
Und üben Falten für den Spind
Und Bohnern in den Ritzen,
Und wennse nicht gestorben sind
Beim Auf-Pirelli-Spritzen,
Dann krabbeln sie als letzter Dreck
Durch braune Krabbelgruben
Und schnarchen sich die Schädel weg
In braunen Stinkestuben,
Denn Nazis gehn am liebsten hin,
Hier könnse groß was werden
Und finden ihren größten Sinn
Im größten Scheiß auf Erden,
Sie quetschen Öl in ihr Bummbumm

Und rubbeln an den Bolzen
Und halten ihre Köpfe dumm,
Damit sie gut verholzen –
Drum singe, Mann, und kreische, Frau,
Ei, lasst die Kehlen beben:
»O Bundeswehr, du blöde Sau,
Magst lang, ja ewig leben!«

Der Schatten

Im Sommer schenkt er kurzes Glück,
Dann endet alle Wonne:
Zu kühler Schatten zwingt zurück
In viel zu heiße Sonne.

Im Winter aber heizt sie nicht:
Eiskälte macht dich beben.
Und siegt nun Schatten übers Licht,
Bezahlst du mit dem Leben:

Der Kopf erstarrt, der Körper schreit,
Die Lunge sticht entzündet.
Der Winterschatten hält bereit,
Was in dein Sterben mündet.

Der Durst

Wer Durst hat, hat nur eines:
Nur Durst. Ganz exquisit.
Denn Durst ist etwas Reines.
Durst ist ein Monolith.

Wer Durst hat, will nicht singen.
Schlaf scheint ihm wie ein Kropf.
Er hat von andern Dingen
Kein einziges im Kopf.

Wer Durst hat, will nicht feiern.
Wer Durst hat, will kein Geld.
Er will auch nicht von Bayern
Zu Fuß nach Bielefeld –

Wer Durst hat, fühlt sich trocken.
Der Rachen wie aus Staub.
Im Mund Restspeichelbrocken,
Der Gaumen pelzig taub:

Durst macht uns unterliegen.
Er sagt: Du musst. Durst zwingt.
Und ist nur zu besiegen,
Indem man – etwas trinkt …

Der Hunger

Das gelbe Grün, die tote Maus,
Das klapperdürre Vögelein,
Das kranke Gnu, die rote Laus,
Die Kellerspinne extrafein,

Den wunden Wurm, den ollen Specht,
Das madenblanke Schlüsselbein,
Den aufgeplatzten Weberknecht,
Den schwarzen Rattengallenstein,

Das graue Brot, das Gummihuhn,
Den pappen Reis, das zähe Schwein,
Die tagealte Lahmacun –
Der Hunger treibt's hinein.

Das Wetter

Man zieht genervt von hier nach dort
Und hat dann bald verstanden:
Das Wetter ist an *jedem* Ort
Zu *jeder* Zeit vorhanden.

So wird global herumgeflucht:
»Hier auch?! Ja kruzifix!«
Wer Stellen ohne Wetter sucht,
Der findet praktisch nix.

Es ist zu kalt, zu heiß, zu nass,
Zu doof – schlicht unerhört.
Als wäre letztlich Wetter das,
Was uns am Wetter stört…

Die Krankheit

Sie gräbt sich in den Menschen ein,
In Glieder, Adern, Knochen.
Er hofft, er möge härter sein,
Sie weiß ihn weichzukochen.

Einst gehst auch du an ihr bankrott
Und hebst die leeren Hände.
Die Krankheit ist, und nicht dein Gott,
Der Anfang und das Ende.

So schrecklich aber Krankheit ist:
Gesundheit ist viel schlimmer.
Sie ist der Anti-Humanist:
Aus Menschen macht sie Trümmer.

Die Gesundheit

Wenn Stephen Hawking reden will:
Sein *Körper* mag nicht taugen.
Das Hirn so reg', der Mund so still:
Er schreibt. Mit seinen Augen.

Daneben all die Körper, och,
Da *Geist* das Reden mindert!
Das Hirn mucksmäuschenstill, jedoch
Der Mund schwerst unbehindert.

Sie rufen »Ausländer!« und »Maut!«
Und ähnlich klügste Klagen.
Wie höllisch ist die Welt gebaut:
Die können alles sagen!

Die Schule

Die Schule holt die Kinder aus
Der Kindheit, die so grau ist,
Und setzt sie in ein buntes Haus
Und tut wie vorgesehen:

Die Schule zeigt dem armen Kind,
Was eine dumme Sau ist,
Dass reiche Kinder schlauer sind
Und auf die Uni gehen.

Die Schule zeigt dem reichen Kind,
Weswegen reich gleich schlau ist
Und arme Kinder dümmer sind
Und bald am Fließband stehen.

DAS NEUER

Schießt du den Ball zum Tore hin
Und denkst: »Ich glaub, ich spinne!
Was steht denn da für 'n Monster drin?«,
Dann steht DAS NEUER drinne.

Auf Schalke ward es stark und groß –
Und wächst. Die Stürmer weinen:
Fünf Meter trennen Kopf und Schoß,
Zu schweigen von den Beinen.

Die Bälle frisst es einfach auf.
So wurd es Welttorhüter.
Sind andre Hüter auch gut drauf:
DAS NEUER hütet güter.

Das Meer

Das Meer weiß uns mit Urgewalt
In sich hineinzulocken.
Erst kühlt es ab, dann wird's zu kalt,
Dann machen wir uns trocken.

Am Meeresstrand so weich und weiß,
Da kann man Sonne laden.
Erst wärmt es auf, dann wird's zu heiß,
Dann gehn wir wieder baden.

Und raus und rein und raus und rein
Und, endlich, eine Pause:
Erst kommt der Hai, dann fehlt das Bein,
Dann dürfen wir nach Hause.

Die Ebbe

Man ist am Meer. Das Meer ist weg.
Das Wasser auch. Man sinkt nicht.
Man krault. Man taucht. Es hat kein' Zweck:
Es geht nicht. Es gelingt nicht.

Ein Köpper – autsch. In seiner Not
Wird man zum Ebbehasser.
Man schreit. Man ruft das Rettungsboot.
Nichts kommt. Ein Boot braucht Wasser.

Doch plötzlich: Lärm! Eine – Armee!
Zu Fuß! Zum Teil beritten!
Es riecht nach Fish & Ships! Und Tee.
O gnad' uns Gott: die Briten.

Das Watt

Weite aus Sand und Gezeiten,
Weltraum aus Lichtseidenmatt.
Sieh, wie zwei Liebende gleiten
Schwebend durchs endlose Watt.

Reines Erfühlen, Erspüren,
Zitternd in liebendem Bund.
Sieh, wie da zwei sich berühren:
Herz an Herz, Mund an Mund.

Wasser fließt leiser als Stimmen.
Bald wird ein Meer aus den Seen.
Sieh, wie zwei Liebende schwimmen.
Sieh, wie sie untergehn.

Die Flut

Selig dämmert man vorm kühlen
Meere überm heißen Strand
Auf bequemen Liegestühlen.
Kinder buddeln stumm im Sand.

Und man mag den Wind belauschen.
Und man döst in kleinen Dosen.
Und man träumt von Meeresrauschen,
Und das Rauschen wächst zum Tosen,

Und dann brandet Flut ins Chillen!
Nass erwacht man und … o Schreck:
Smartphone, Handtuch, Sonnenbrillen,
Shirt, Frau, Kinder, alles weg.

Das Land

Und wo kein Wasser ist, bringt Land
Dem Menschen Not und Grauen.
Es nährt ihn nicht aus voller Hand:
Der Mensch muss es bebauen:

Muss ackern, furchen, wässern und
Muss ernten, düngen, säen.
Die meiste Saat verreckt im Schlund
Stinkfauler Horrorkrähen.

Was bleibt, wird Rübe, Gurke, Kohl,
Der grüne, rote, weiße –
Das schluckt der Mensch und weiß sehr wohl:
's ist stets dieselbe Scheiße.

Der Strand

So unerträglich ist das Land.
So fliehen wir ans Wasser
Und betten uns in Feindeshand
Im Reich der Menschenhasser:

Die Krabbe zwackt, der Sandfloh sticht
Die Haut, die Sonne frisst sie.
Die Feuerqualle sehn wir nicht,
Doch spüren wir: Da ist sie.

Wir atmen Crème und Wurst und Bier
Und treffen Tante Käthe.
Am Strande büßt das Landgetier,
Dass es das Meer verschmähte.

Der Berg

Wer Berg sagt, darf von Pein und Qual
Und Schmerz und Tod nicht schweigen.
Ein karger Berg vor grünem Tal:
Den *muss* der Mensch besteigen.

Auf kargem Berg scheint ihm das Grün
Des Tales derart munter,
Da müht er nach den Aufstiegsmühn
Sich schleunigst wieder runter.

Dann heißt's: Hinauf! Hinab! Juchhei!
Hinauf! – Der Berg verpflichtet
Und gibt uns erst im Absturz frei.
Der Berg gehört vernichtet.

Die Ferne

Die Ferne sieht in manchem Stück
Sehr schön und wahr und gut aus.
Doch kommt man näher, geht das Glück
Und bricht in uns die Wut aus!

Denn steht man in der Ferne drin,
Dann sieht sie aus wie Nähe.
Man fühlt sich wie in Herne drin
Und schreit: »Du falsche Krähe!

Kaum bin ich da, schon bist du fort
Und weit wie fernste Sterne!
Nie bist du blöde Sau vor Ort!
Ich gehe! In die Ferne!«

Der Gott

Und wieder säuft die Erde Blut,
Und Gott lässt sie gewähren.
Und wieder findet's keiner gut,
Und einer kann's erklären:

Gott nutzt ein retro Opernglas
Und guckt und guckt, doch wahrlich:
Scharf ist sein Blick nur bis zum Mars.
Die Menschheit sieht er gar nich'.

Er sieht nur Knall und Rauch und Brand
Und Gift in Meer und Äther
Und denkt: »Planet im Urzustand,
Da lebt noch nix. Bis später!«

Die Menschheit

Das Einzelexemplar war dumm
Und eitel, laut und mächtig
Und erst im Alter klug und krumm
Und leise, grau und schmächtig.

Die Gattung hatte hohe Stirn
Und tiefere Gefühle,
Bizarr gewuchertes Gehirn
Und eine Globusmühle.

Sie rottete die Wälder aus,
Die Lüfte und die Meere,
Die Kälber und sich selber aus,
Das rettet ihre Ehre.

Die Erde

Die Erde ist ein dummer Ball
Aus Kram und Zeug und Eisen.
Sie torkelt durch ein leeres All
In völlig schiefen Kreisen.

Die Achse ist mal umgekippt,
Weil da was draufgeknallt ist,
Weswegen es den Winter gibt,
In dem es viel zu kalt ist.

Im Sommer ist es viel zu heiß,
Und nachts kann man nichts sehen.
Die Erde ist ein Teufelskreis.
Sie möge untergehen.

Der Inhalt

Rund ein Drittel der hier versammelten Gedichte wurden erst-veröffentlicht in Thomas Gsellas »Stern«-Kolumne SAUKOPF NATUR.
Alle anderen wurden für dieses Buch geschrieben mit vier Aus-nahmen: Der Gott, Der Esel, Der Osterhase *und* Der Kater *(aus: Thomas Gsella, »Achtung, Achtung, hier spricht der Weihnachtsmann«, München 2014)*

© Verlag Antje Kunstmann 2016
Satz: Schuster & Junge, München
Cover: Rudi Hurzlmeier
Druck und Bindung: Pustet, Regensburg
ISBN 978-3-95614-125-6